Вправи до стор. 5 - 8
Замалювати ті рисунки, що починаються буквою „С".
Відповіді на сторінці 30.

1. Тато спить.

2. Сірко спить.

3. Сірко не спить.

4. Тато не спить.

5. Тихо, тихо, Сірку!

6. Ні, Сірку, ні!

Вправи до стор. 5-8.
Поставити у квадраті відповідне число того речення, що відповідає змістом картинці.

Д д

Де?

1. Де Сірко?
2. Де тато?
3. Де мама?
4. Де Леся?
5. Де Тарас?
6. Де Петро?

Вправи до стор. 9-12.
Поставити число речення у квадраті того рисунка, що відповідає на питання висловлене в реченні.

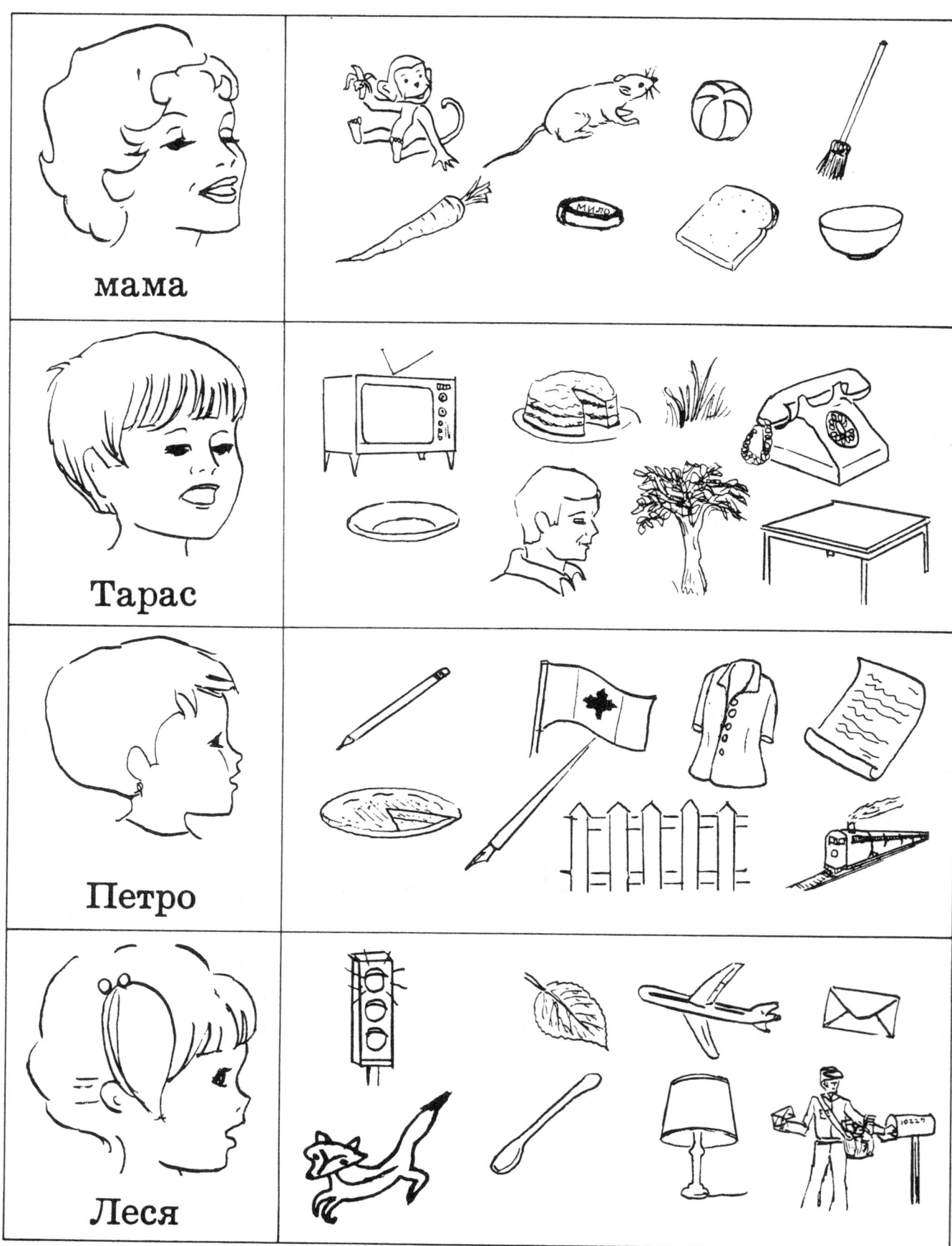

мама

Тарас

Петро

Леся

Вправи до стор. 9-12.
Замалювати ті картинки в ряду, які починаються тією самою буквою, що й ім'я нарисованої особи. Відповіді на сторінці 30.

1. Сірку, _____!
2. Сірку, _____!
3. Петро _____!
4. Леся _____!

| плаче | спить |
| сядь | біжи |

Вправи до стор. 13-16.
Закінчити речення відповідно до змісту рисунка з лівого боку.
Обвести колом той рисунок із правого боку, що показує дію,
яка відбувається після того, що висловлене в реченні.

тут   там

1. Леся _____ .

2. Петро _____ .

1. Сірко _____ .

2. Тарас _____ .

1. Хліб _____ .

2. Масло _____ .

1. Мама _____ .

2. Тато _____ .

Вправи до стор. 13-16.
Закінчити речення, вписуючи на порожньому місці відповідне слово.

Тарас біжить.
Тарас їде.

Петро плаче.
Авто їде.

Авто їде.
Авто не їде.

Візок не їде.
Візок їде.

Сірко їде.
Сірко біжить.

Леся плаче.
Леся біжить.

Вправи до стор. 17-20.
Підкреслити те речення, що відповідає змістові зображеного на рисунку.

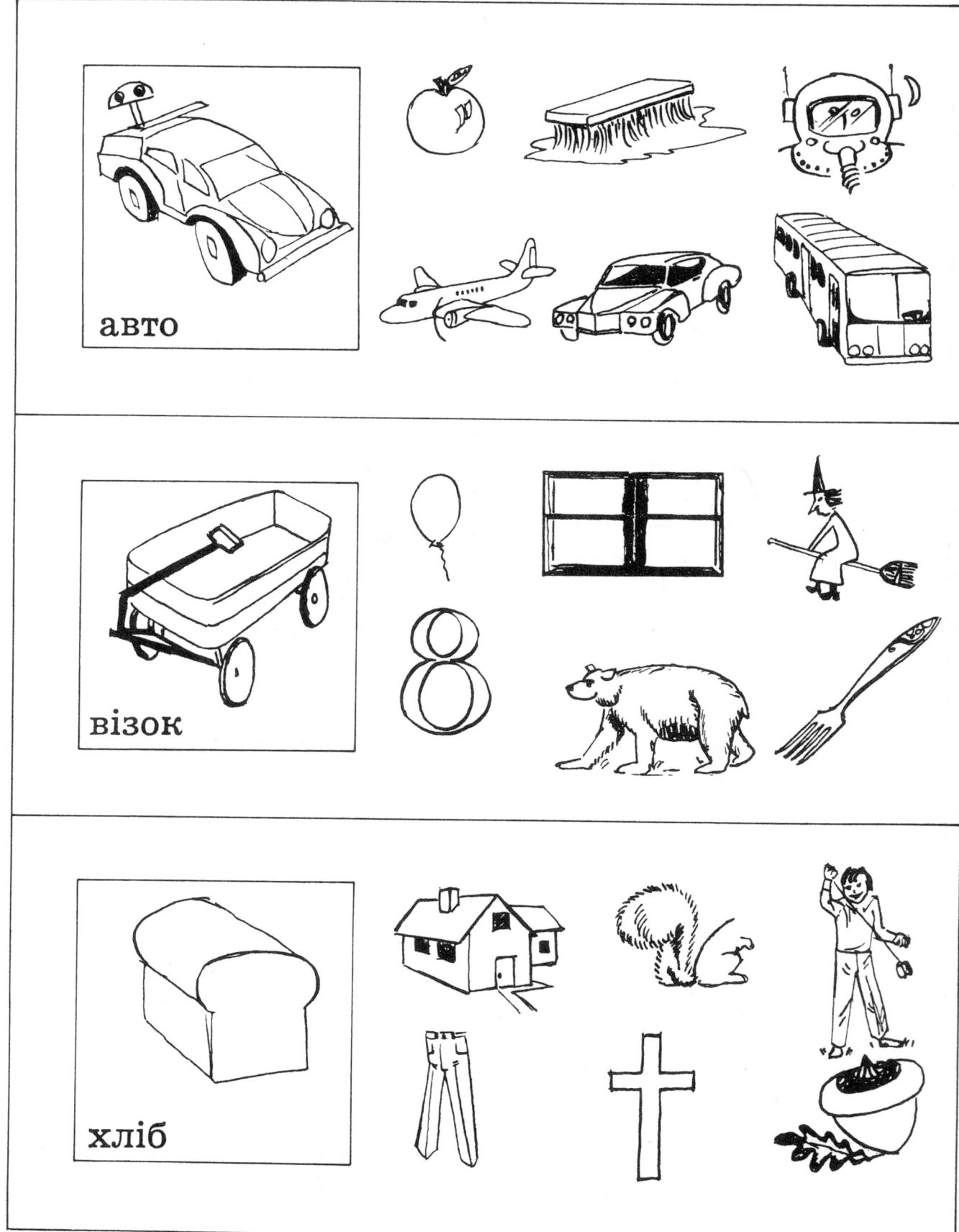

Вправи до стор. 17-20.
Замалювати ті рисунки, що починаються тією самою буквою, що й рисунок ліворуч у тому самому ряду. Відповіді на сторінці 30.

Тато Тату	1. _____, не біжи! 2. _____ їде. 3. _____, час їсти!
Мама Мамо	1. _____ спить. 2. _____, хліб тут. 3. Тихо, _____, тихо!
Сірко Сірку	1. _____, сядь тут! 2. _____ хоче їсти. 3. Де _____ ?

Вправи до стор. 17-20.
Написати на порожньому місці відповідне слово, поданого у квадраті.

1. Тату, авто їде.
   Тату, Сірко біжить!
   А там їде авто.

2. Сірку, Сірку!
   Не біжи! Не біжи!
   Сюди, Сірку, сюди!

3. Мамо! Тату!
   Дід і Баба тут.
   Сірку, тихо, не скачи!
   Сядь, Сірку, сядь!

Вправи до стор. 21-25.
Написати у квадраті число тих речень, що описують відповідний рисунок.

Д д	Б б	Ч ч	Ї ї
дай	біжить	час	їде

Вправи до стор. 21-25.
Написати на порожньому місці ту саму велику й малу букву, з якої починаються слова на рисунках. Відповіді на сторінці 30.

Авто_____.

тут   там

Сірко біжить

_____.

сюди   туди

Дивись, авто

їде_____.

сюди   туди

Сірко спить

_____.

тут   там

Вправи до стор. 26-29.
Написати на порожньому місці одне зі слів, надрукованих під реченням, залежно від рисунка.

Тату, _____ м'яч.	
Мамо, _____ тут.	
Сірку, _____ сюди.	
Сірку, _____ туди.	
Тату, _____ туди.	

біжи   лови   сядь   дивись   скачи

Вправи до стор. 26-29.
Написати на порожньому місці відповідне слово, щоб зміст речення відповідав рисункові.

Хто? Що?

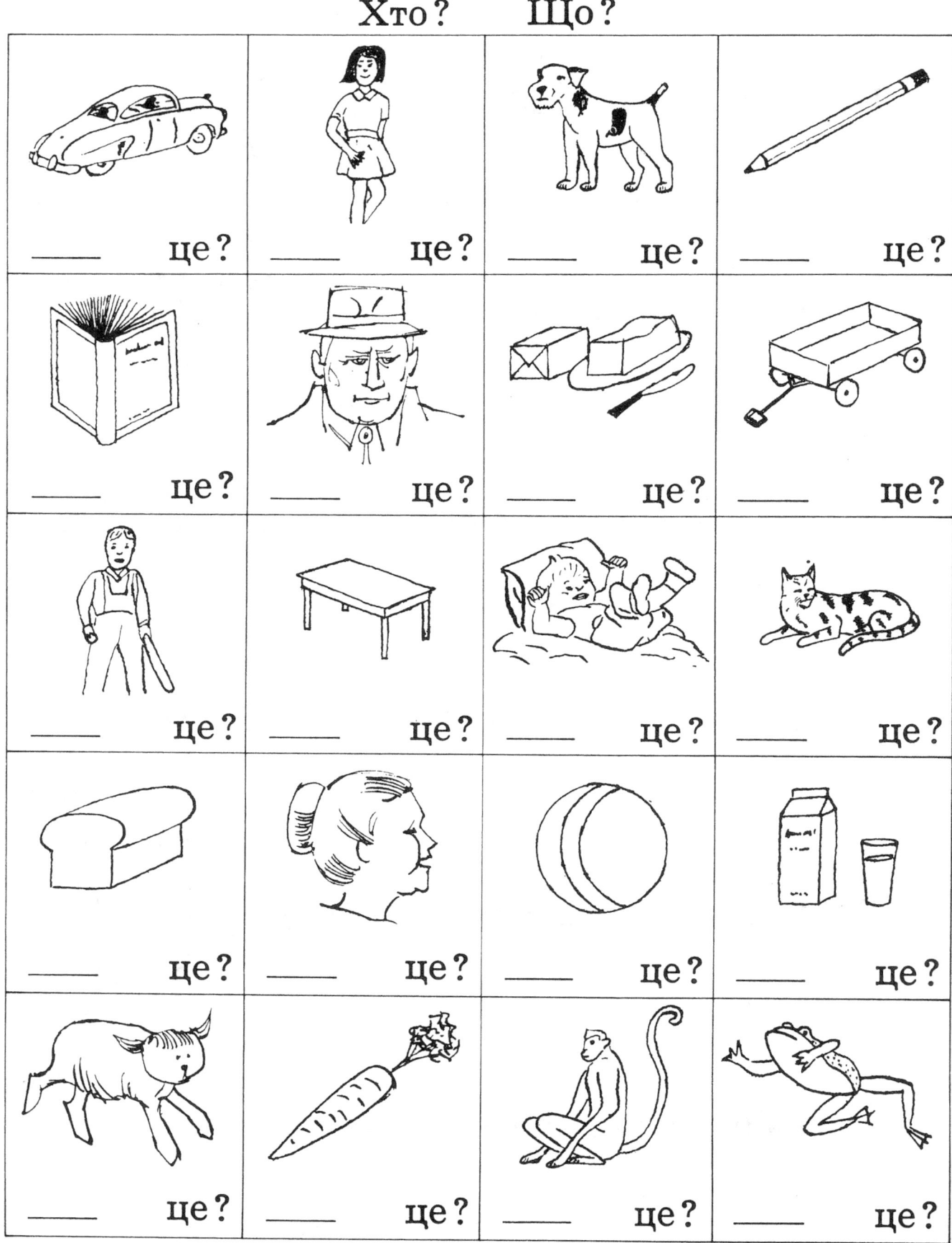

Вправи до стор. 26-29.
Написати відповідне слово на порожньому місці, щоб закінчити речення.

Вправи до стор. 30-33.
Написати у квадраті початкову й останню букви слова, яке називає зображене на картинці. Відповіді на стторінці 30.

☐ Сірку! Сірку!
Сюди, Сірку, сюди!
Дай м'яч!

☐ Дивись, тату, дивись!
Леся біжить!
Леся має м'яч!

☐ Ні, Сірку, ні!
Не лови!
Не лови!

Вправи до стор. 30-33.
Поставити у квадраті число картинки, що відповідає змістові речень.

Сюди, Сірку, сюди!
Тату, сюди!
Дай м'яч!
Де м'яч?

Лови, тату, лови!
Сірку, не скачи!
Не лови, Сірку!
Де Сірко?

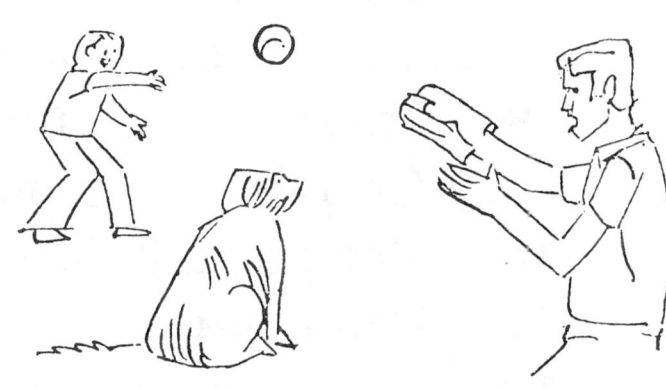

Дивись, дивись!
А що тут?
Тут хліб і масло.
Де хліб?

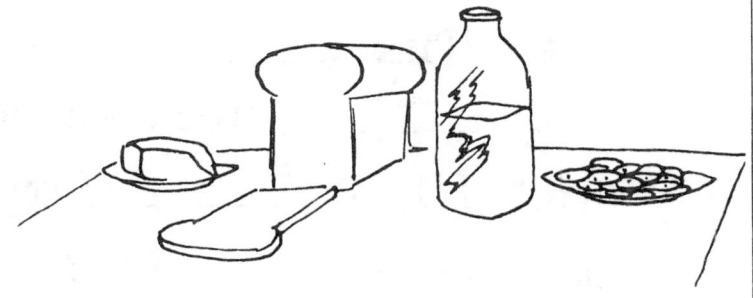

Сірку, не біжи!
Тато спить!
І Петро спить!
Де Петро?

Вправи до стор. 30-33.
Обвести колом той рисунок, що найкраще відповідає на питання.

ні   не

1. Сірку,_____ скачи!
2. Мама_____ їде.
3. Ні, Сірку,_____.
4. _____ біжи, тату!
5. _____, мама не спить.
6. Сірко_____ їде.
7. _____, це не авто.
8. Тарас_____ біжить.
9. Петро_____ спить.
10. Леся_____ хоче їсти.
11. Сядь там,_____ тут!
12. _____, тату, не лови!
13. Ні, візок_____ тут.
14. Тихо,_____ плач!
15. _____, Леся не їде!
16. Ні, це_____ Петро!
17. Хто_____ їде?
18. Авто_____ їде.
19. Тату,_____ лови!
20. Хто_____ біжить?
21. Баба їде, а мама_____ їде.

Вправи до стор. 34-37.
Написати на порожньому місці відповідне заперечне слово „ні" або „не".

I i   X x   Щ щ   Ц ц

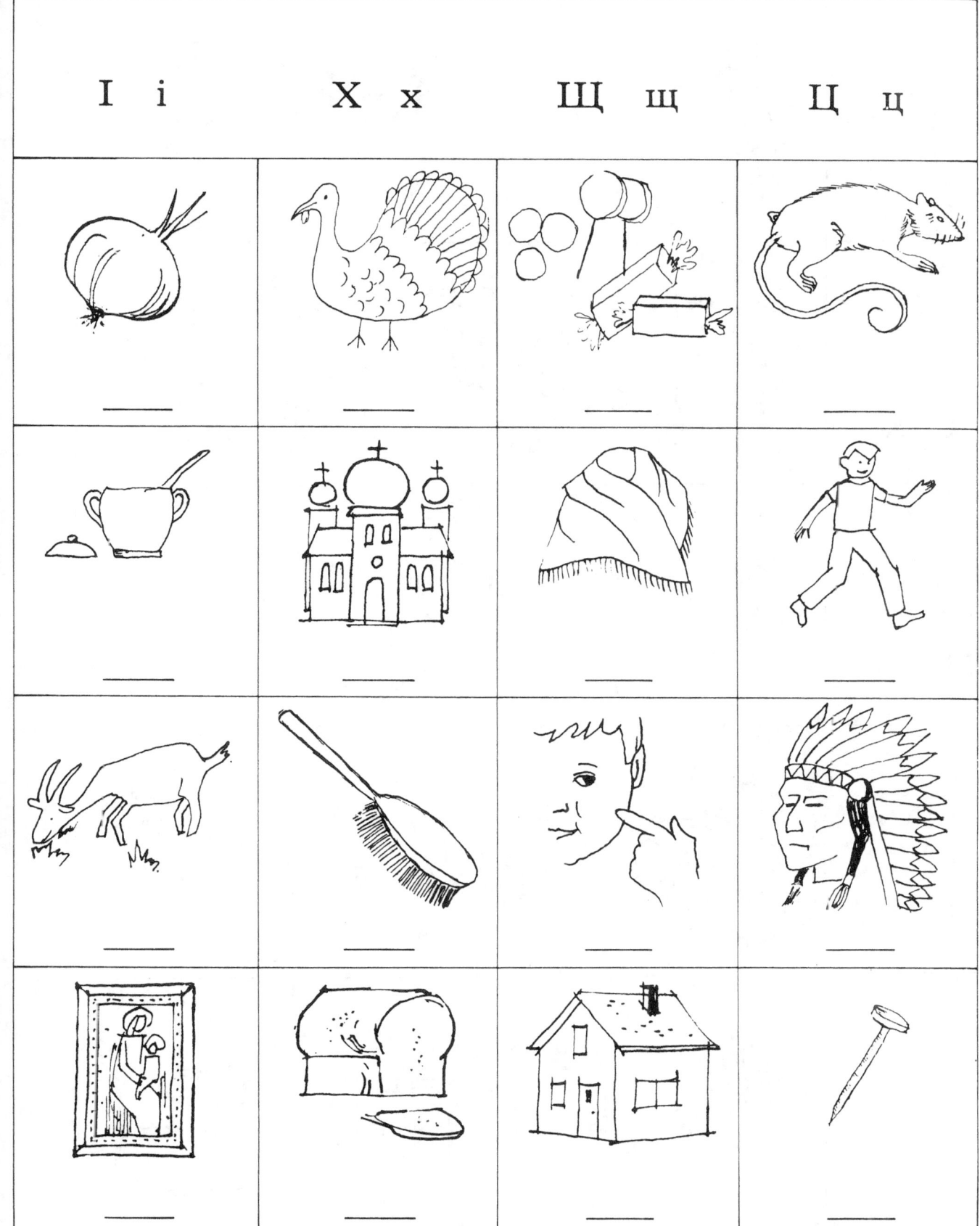

Вправи до стор. 34-37.
Написати на порожньому місці велику й малу букви, з якої починається назва рисунка. Відповіді на сторінці 30.

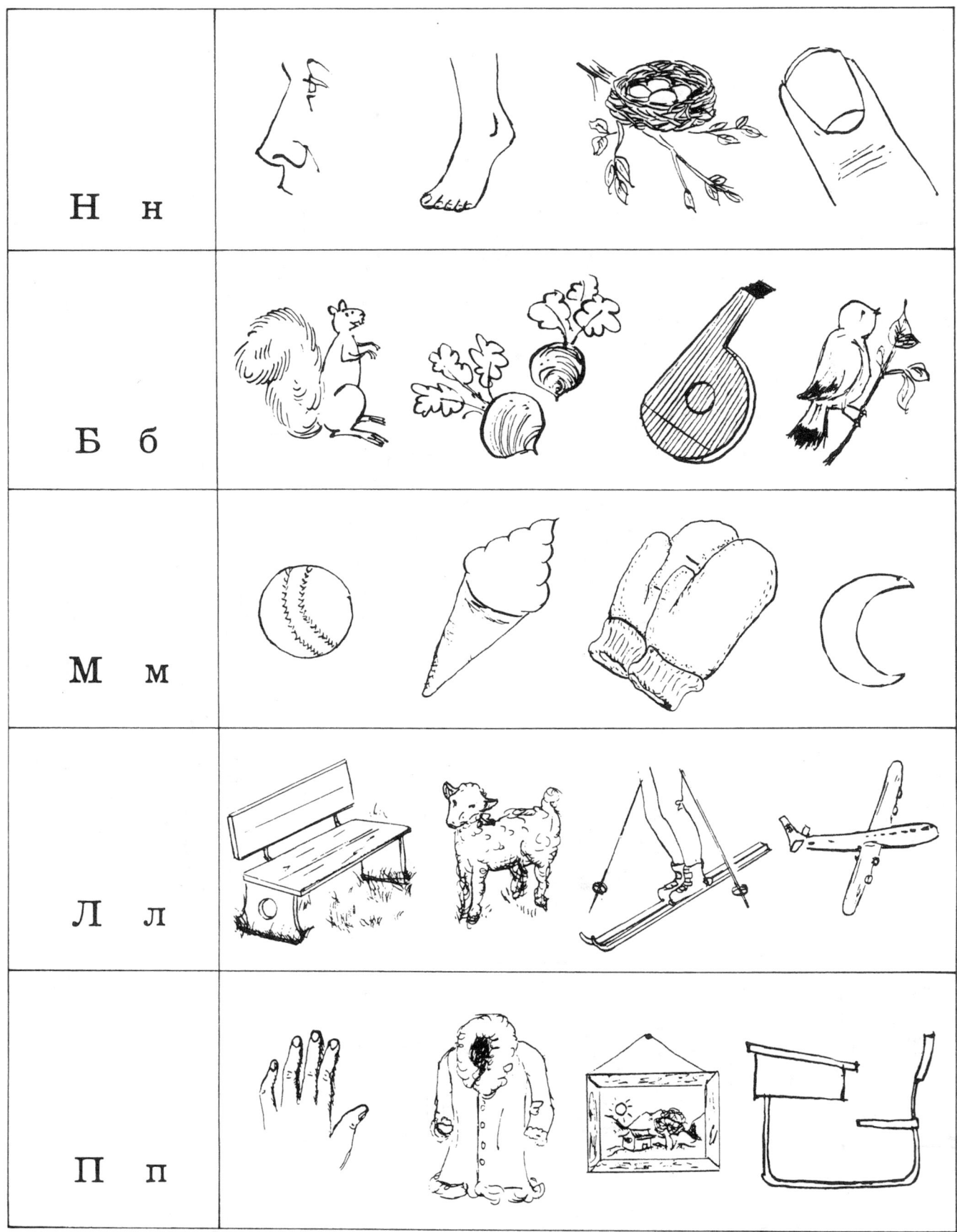

Вправи до стор. 38-42.
Замалювати рисунки, назви яких починаються буквою, написаною в тому самому ряду. Відповіді на сторінці 30.

Сірко спить.

Сірко не спить.

Петро хоче спати.

Петро не хоче спати.

Так можна.

Так не можна.

Леся хоче їсти.

Леся не хоче їсти.

Тарас хоче спати.

Тарас не хоче спати.

Тато їде.

Тато не їде.

Вправи до стор. 38-42.
Підкреслити те речення, що змістом найкраще відповідає рисункові.

Хто біжить? _____ біжить.

Хто спить? _____ спить.

Хто їде? _____ їде.

Хто плаче? _____ плаче.

Хто хоче спати? _____ хоче спати.

Хто хоче спати? _____ хоче спати.

Хто хоче їсти? _____ хоче їсти.

Хто хоче їсти? _____ хоче їсти.

Вправи до стор. 38-42.
Написати на порожньому місці те слово, яке відповідає на питання.

	їде	іде
1. Дід _____, а Петро _____.		
2. Тато _____, а Тарас _____.		
3. Тарас _____, а Мама _____.		
4. Дід _____ і Сірко _____.		
5. Дід _____ і Тарас _____.		
6. Тато _____ і мама _____.		

Вправи до стор. 38-42.
Закінчити речення згідно з рисунками.

_____ Тату, лови! Тату!
_____ Мамо, біжи сюди!
_____ Петро біжить туди.
_____ Петро їде.
_____ Сірко біжить швидко.
_____ Сірку, не лови!
_____ Тату, швидко, лови!
_____ Дивись, жаба!
_____ Мама біжить!
_____ Петро плаче.
_____ Сірко біжить сюди!
_____ Петро їде швидко.
_____ Сірку, не скачи!
_____ Дивись, Сірко біжить!
_____ А що це, жаба?
_____ Жаба не їде.
_____ М'яч тут.

Вправи до стор. 43-48.
Поставити у квадраті число картинки, що відповідає змістові речення.

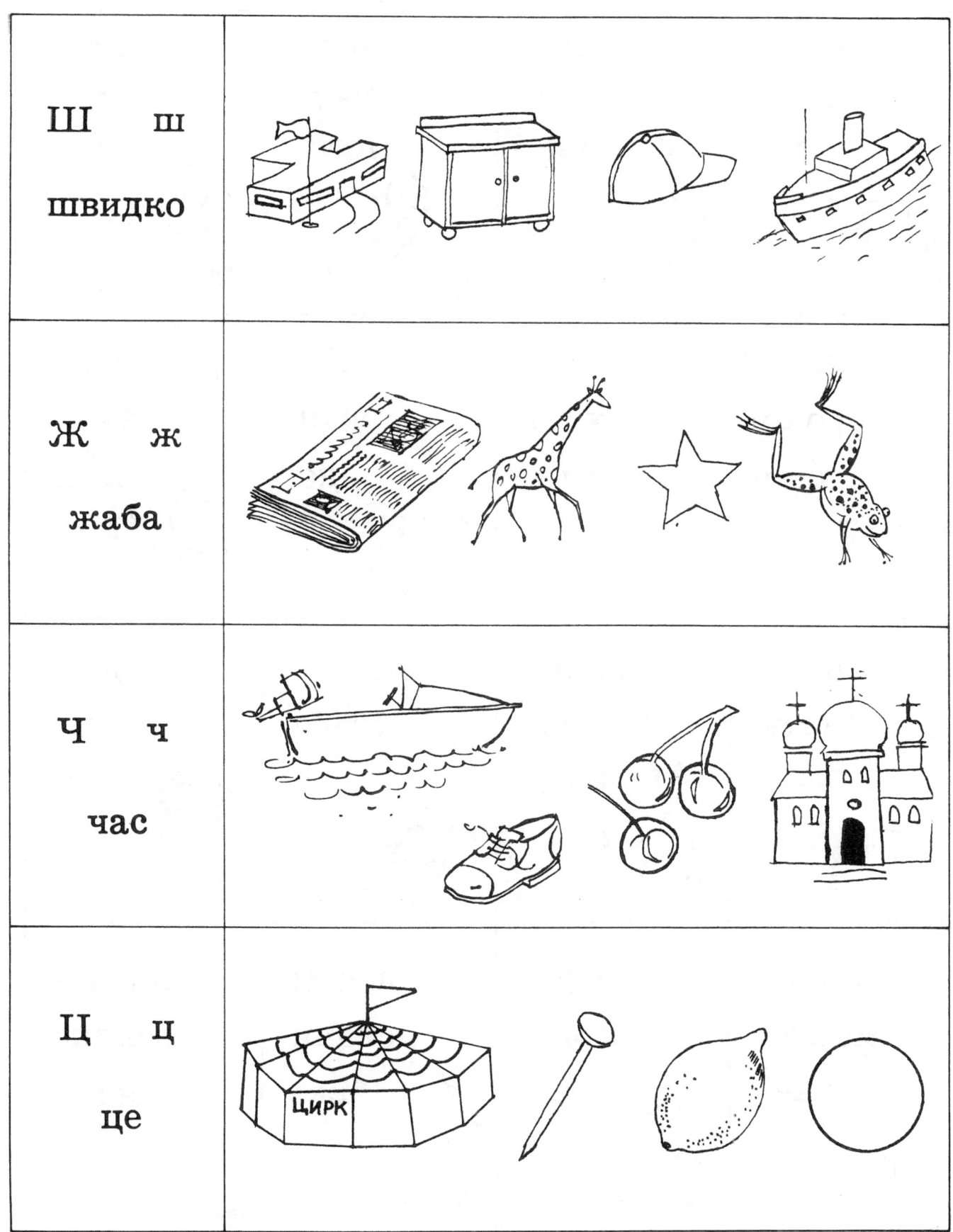

Вправи до стор. 43-48.
Замалювати рисунки, назви яких починаються тією самою буквою, що й слово, написане в тому самому ряду. Відповіді на сторінці 31.

тихо тато там	де іди їде	дивись час їсти	на дай ні
плаче прошу плач	хоче хліб хто	дід діти їде	сюди туди спати
спати спить спи	можна м'яч має	швидко жаба ні	дай це що
мама масло може	сюди лови сядь	біжить скачи біжи	дивись можна нема

Перевірка знання слів. Обвести колом те слово, що відповідає рисункові. Відповіді на сторінці 31.

_____ біжить сюди,

а _____ біжить туди.

Сірко **Тарас**

_____ їде туди,

а _____ їде сюди.

Леся **Тато**

_____ тут,

а _____ там.

Жаба **Петро**

_____ спить тут,

а _____ там.

Сірко **Петро**

Хто тут? _____.

Хто там? _____.

Леся **Мама**

Вживайте після сторінки 48.
Написати на порожньому місці ім'я зображеного на рисунку у тому самому ряду.

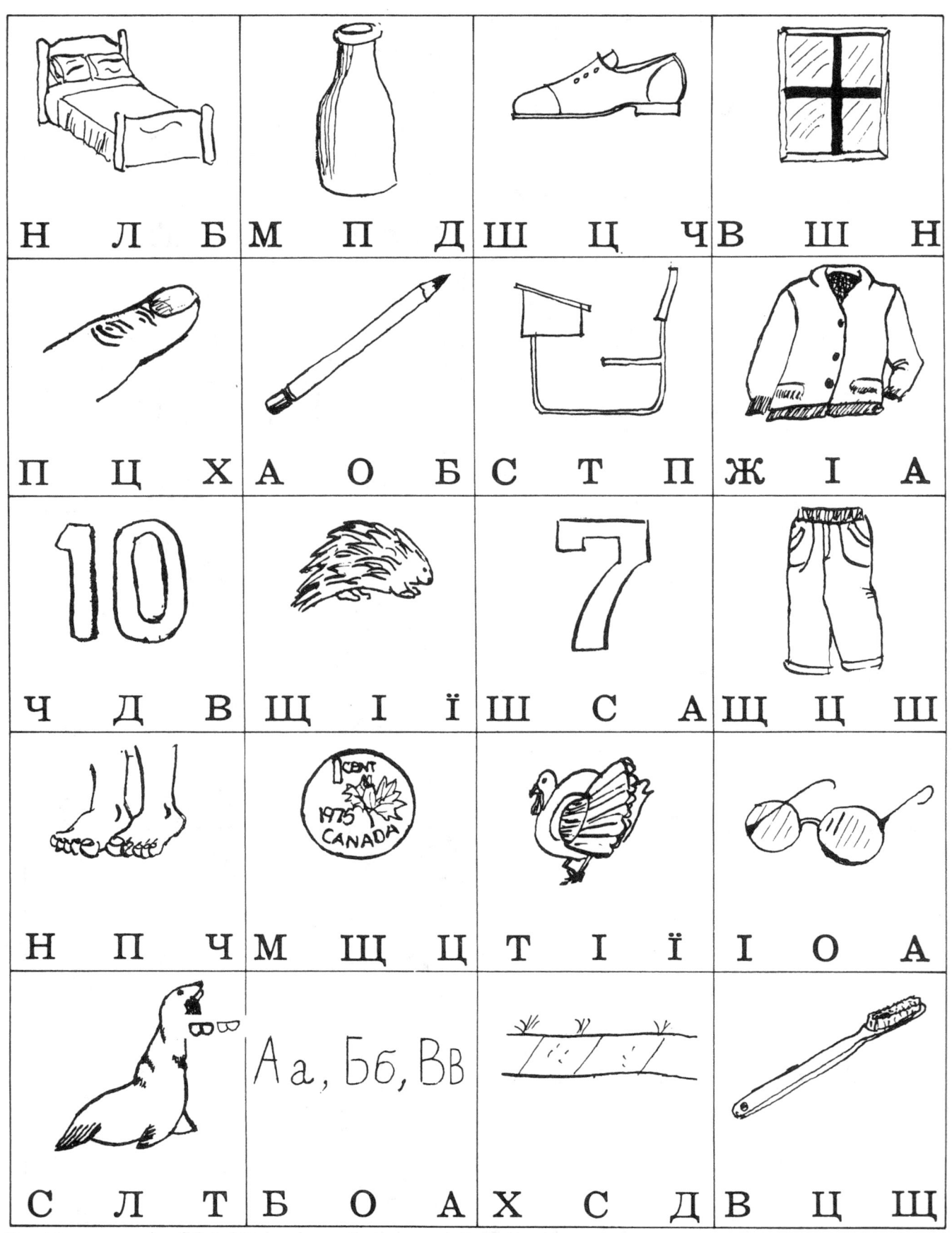

Засвоєння звуків. Обвести колом ту букву, з якої починається слово, що називає зображення на картинці. Відповіді на сторінці 31.

спи Сірко сядь	дай де дід	так тихо візок	туди тут так
скаче спить спати	тату тато хто	на ні а	баба о авто
може не нема	м'яч має Леся	там Тарас тут	іди і іде
діти Петро можна	біжить біжи баба	на нема може	сюди сядь іде
плач плаче прошу	масло мамо мама	жаба лови швидко	що час це
їде їсти іди	спить лови спи	дивись прошу можна	хоче хліб дай

Перевірка знання слів. Вказівки на сторінці 31.

ДО ВЧИТЕЛІВ
ТУТ І ТАМ

1. Вимова букви „С". Слово-ключ „Сірко".
    сонце, суконка, сіль, стілець, свиня, снігова баба, сорочка, светер, стіл, сіно, сапа, санки.
2. Розпізнавання змісту за картинками.
3. Вживання слова „де" в питальних реченнях.
4. Вимова буков: М, Т, П, Л.
    Слова-ключі:
    Мама — мавпа, мишка, м'яч, мітла, морква, мило, миска.
    Тарас — телевізор, торт, трава, телефон, тарілка, тато.
    Петро — прапор, пальто, папір, пиріг, перо, паркан, поїзд.
    Леся — лис, листок, літак, лист, ложка, лямпа, листоноша.
5. Робити висновки.
6. Порівняння слів „тут" і „там".
7. Розуміння за допомогою картинок.
8. Вимова буков: А, Б, Х.
    Слова-ключі:
    авто — астронавт, авто, автобус.
    візок — вікно, відьма, вісім, ведмідь, виделка,
    хліб — хата, хвіст, хлопець, хрест.
9. Правильне вживання слів „тато", „мама", „Сірко" в називному й кличному відмінках.
10. Пояснення поступового розвитку дії.
11. Слухове сприймання вимови початкових звуків, позначених буквами: Д, Б, Ч, Ї.

    | діти | їде | білка | блюзка |
    | черепаха | чайник | будинок | їсть |
    | їжа | човен | чаша | десять |
    | бандура | чотири | драбина | барабан |
    | чоботи | бджола | їжак | дівчина |

12. Порівняння.
13. Користування картинками, як ключем до розв'язки завдання.
14. Правильне вживання слів „хто" й „що".
15. Слухове сприймання вимови початкових і кінцевих звуків:

    | Сірко | хліб | мама |
    | дід | м'яч | баба |
    | авто | лялька | масло |
    | діти | Петро | Тарас |

16. Розвиток дії.
17. Спостереження деталей.
18. Розуміння заперечних часток „не" й „ні".
19. Вимова (звуків) буков: І, Х, Щ, Ц.

    | цибуля | індик | цукорки | щур |
    | цукор | щітка | хустка | хлопець |
    | цап | хліб | щока | індіянин |
    | ікона | церква | хата | цвях |

20. Вимова букви „Н"; повторення буков: Б, М, Л, П.
    Н — ніс, нога, ніготь
    Б — білка, буряк, бандура
    М — м'яч, морозиво, місяць
    Л — лава, лещата, літак
    П — пальці, пальто, парта

21. Розуміння вживання заперечної частки „не".
22. Правильне вживання займенника „хто".
23. Вживання слів „їде" та „іде".
24. Робити висновки.
25. Вимова буков: Ш, Ж.
    Повторення буков: Ч, Ц
    швидко — школа, шафа, шапка
    жаба — журнал, жирафа, жук
    час — човен, черевик, черешні
    це — цирк, цвях, цитрина

26. Розуміння слів:

    | тато | їде | їсти | на |
    | плаче | хліб | діти | сюди |
    | спить | м'яч | жаба | дай |
    | масло | лови | біжить | дивись |

27. Порівняння.
28. Вимова буков — повторення.

    Слова-ключі:

    | ліжко | молоко | черевик | вікно |
    | палець | олівець | парта | жакет |
    | десять | їжак | сім | штани |
    | ноги | цент | індик | окуляри |
    | тюлень | абетка | хідник | щітка |

29. Перевірка знання слів:

    | сядь | дай | тихо | туди |
    | скаче | тату | ні | баба |
    | може | має | тут | іди |
    | можна | біжи | нема | сюди |
    | плач | мамо | швидко | час |
    | іде | лови | дивись | хоче |

МАРІОНЕТКИ НА ПАЛЬЦІ

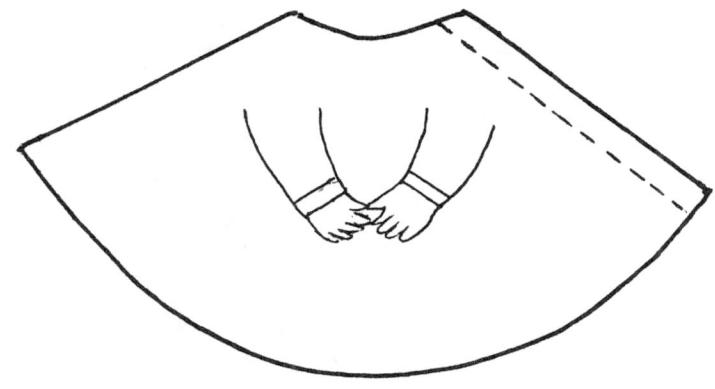

1. Замалюйте рисунки й виріжте їх.

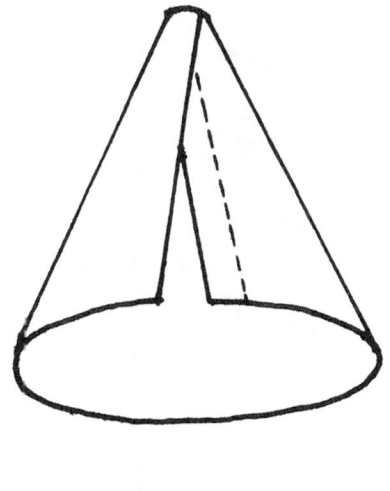

2. Зігніть тулуб по пунктурній лінії та склейте.

3. Приклейте голову до спини тулуба з середини.

Подані маріонетки можна вживати для мовних вправ.

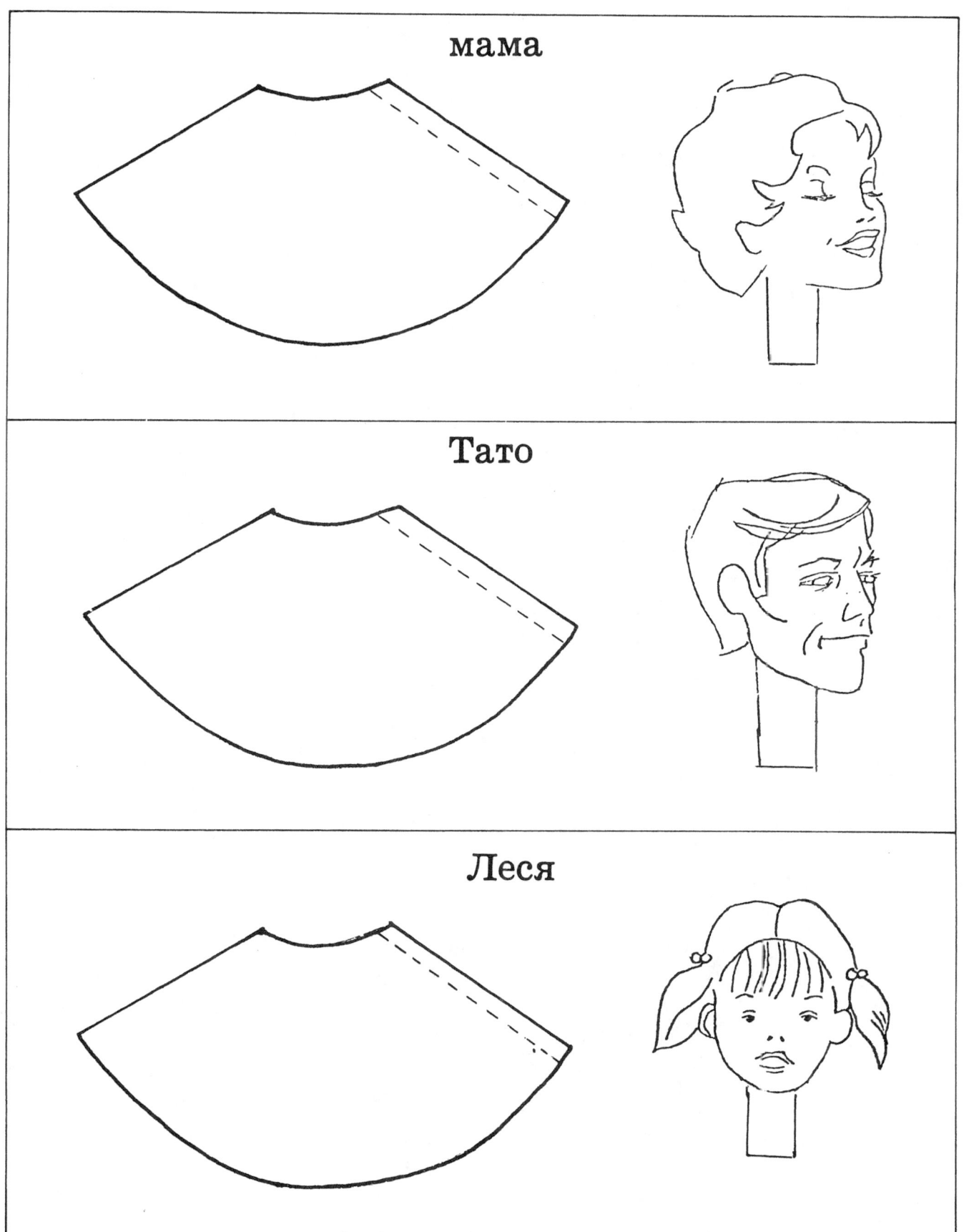

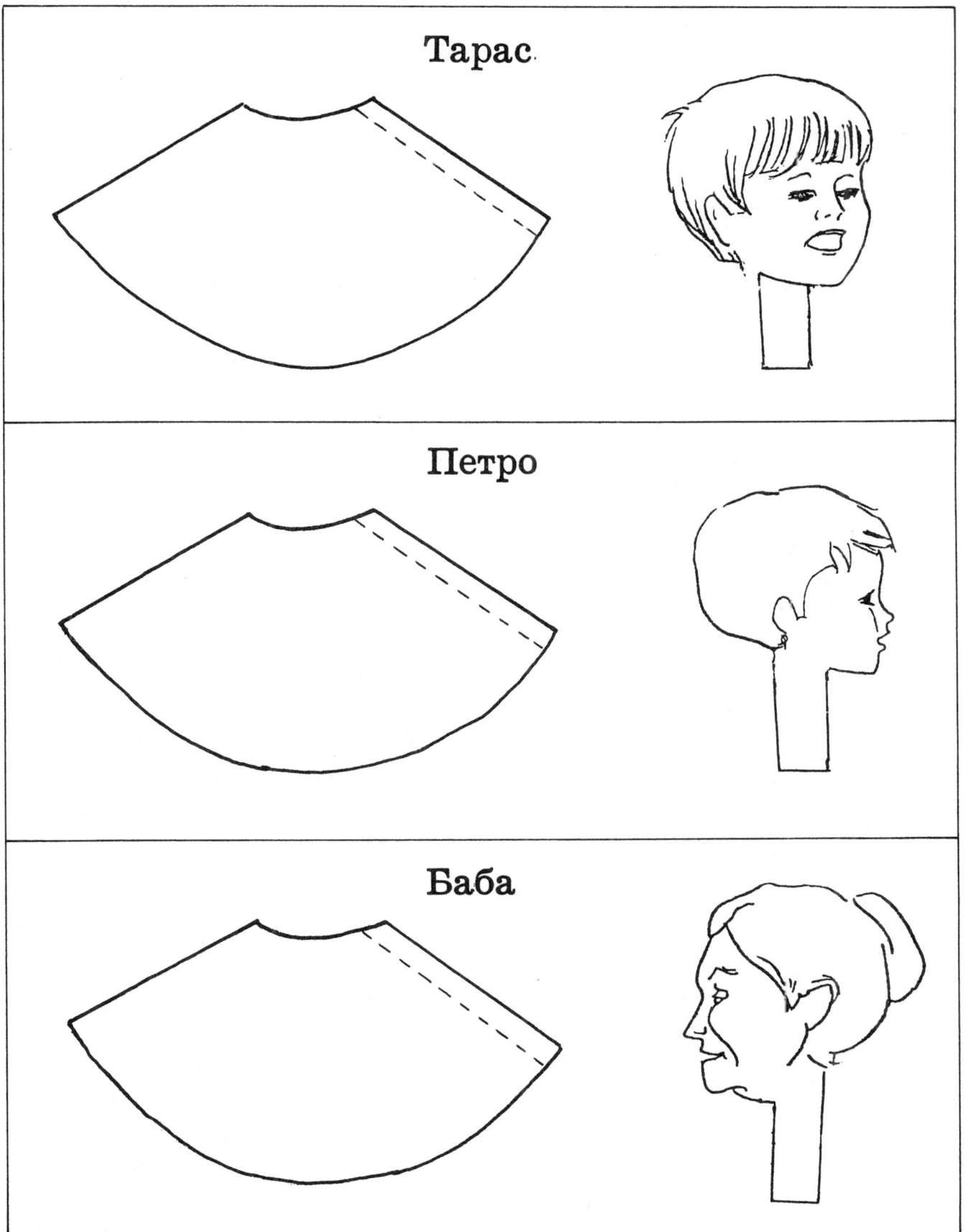

Дід

Сірко

СЕРІЯ ЧИТАНОК ДЛЯ РОЗВИТКУ УКРАЇНСЬКОЇ МОВИ
Workbook to accompany ТУТ І ТАМ

Xenia Turko
Curricular Assistant

Helen Grekul
Elwira Slavutych
Josephine Stefaniuk
Nadia Stus

Ukrainian Language Consultant — Yar Slavutych

Illustrated by Commercial Art 32
Students of St. Joseph Composite High School
Under the direction of H.C.J.M. Zyp
Cover Illustration by H.C.J.M. Zyp
Puppets by Nadia Stus

ТУТ І ТАМ

Книжка для вправ

Ціль:

1. Розуміння слів.
2. Користування словами.
3. Розвиток мови.

Напрямні завваги про те, як користуватися книжкою:

1. Читайте уважно вказівки на кожній сторінці.
2. Пояснюйте учням зрозумілою для них лише українською мовою.
3. Ключі до вправ у цій книжці подані на сторінках 30-31.

PUBLISHED BY ALBERTA EDUCATION, EDMONTON
© Her Majesty the Queen in right of the
Province of Alberta, Department of Education
1975